www.ingramcontent.com/pod-product-compliance
Lightning Source LLC
Chambersburg PA
CBHW070336190526
45169CB00005B/1920
* 9 7 8 1 5 3 5 1 1 7 2 7 2 *